Gartenidylle

Gartenidylle

Der Bildband für die Hosentasche

steffen verlag

BOOK TO GO

4 | Ein Meer aus Tulpen im Morgenlicht

Farbenfrohe Bienenhäuser

Goldglänzender Rosenkäfer und
Hummel friedlich vereint auf dem Sonnenhut.

Da passt doch noch eine Tomatenpflanze ins Salatbeet.

12 | Flieder besticht im Frühling mit üppigen Blüten und herrlichem Duft.

Der Rote Admiral liebt die Blüte des Wasserdosts.

16 | Blütenpracht wohin das Auge schaut – im Wasser und an Land

Frühlingszauber: Pfirsichblüten

Ein schmackhaftes wie dekoratives Gemüse – der Kürbis. Schon seine Blüten lassen die Herbstfreuden erahnen.

22 | Ein Hauch von »Good old England« …

Ein Gemeiner Bläuling nimmt auf dem Klee ein Sonnenbad.

Lass Blumen sprechen …

Und ab in den Apfelbaum. Wie wäre es im Anschluss mit einem duftenden Apfelkuchen zum Kaffee?

Tomaten schmecken am besten, wenn sie aus dem eigenen Garten stammen. Das wissen auch kleine Gärtner.

Krokusse als Frühlingsboten

Schneeglöckchen setzen feine Akzente im sonst noch kargen Garten.

34 | Üppiger Blumengarten am Pfarrwitwenhaus Groß Zicker auf Rügen

Feldsperling im Erlenbaum

Die leuchtenden Blütenkapseln der Lampionblumen zieren den Garten über viele Monate.

Gartenteichidylle mit Seerosen – der richtige Platz zum Entspannen und Träumen

Rose »Tickled Pink«

Kohlrabi, Petersilie, Möhren, Salat oder Mangold –
Gemüse und Kräuter aus dem eigenen Garten sind ein Genuss.

 Gute Freunde – Lavendel und Kohlweißlinge

Salaternte im Garten von Schloss Ippenburg, Bad Essen

Wilde Stiefmütterchen – klein, aber nicht zu übersehen

Pfifferlinge aus dem eigenen Garten – eine Kunst!

Auch nach dem Verblühen bleibt der Mohn
mit seinen Kapseln äußerst dekorativ.

Verschnaufpause einmal anders …

 | Bis zur Ernte sind es noch ein paar Tage.

Nützlich, aber nicht bei jedem beliebt

Dieser Hahn richtet keinen Schaden im Blumenbeet an – gut für Lupine und Iris.

 | Der Frühling hat Einzug gehalten.

Unwiderstehlich für Hummeln – Lavendel

Nicht in jedem Garten gern gesehen, die Schnecke …

Kapkörbchen und Margeriten

Die etwas andere Gartengalerie

W
O

Tagpfauenauge auf Eisenkraut

Was ist ein Sommer ohne bunte, duftende Wicken?

Die Tarda-Tulpe, auch Stern-Tulpe genannt, wirkt sehr exotisch.

Alles Gute kommt von oben?

86 | Der Frühling lässt grüßen – mit Tulpen und Hyazinthen.

Gartenparadies – auch für Vierbeiner

Dornröschen-Kulisse mit klassischem Rosenbogen

Vom Morgentau benetzte Iris

Der eher seltene Blauregen in Weiß blüht mit dem farbenfrohen Iris-Feld um die Wette.

Rhabarberzeit – sauer macht lustig!

94 | Fingerhut und Iris neben der Streuobstwiese

Der Igel – bei Gärtnern als Schneckenjäger beliebt.

Stiefmütterchen und Vergissmeinnicht verzaubern
durch die Farbkombination.

Endlich Erntezeit!

Tautröpfchen am Frauenmantelblatt

Kohlmeise im verschneiten Garten. Ob die Gärtner Futter ausgestreut haben?

104 | Zierobjekte aus Glas geben jedem Blumenbeet das besondere Etwas.

Leuchtende Blüte der Purpur-Prunkwinde

Das frische Grün eines jungen Ginkgo-Baums

Ein Glas Rosé zu frischen Pfirsichen zum Tagesausklang gefällig?

110 | Rose im blühenden Giersch, dessen Blätter sich gut für Salate eignen.

Beliebt bei Klein und Groß – Marienkäfer, hier auf einer Fenchelblüte

Hortensien – der Blickfang in strahlendem Weiß, Rosa oder Lila, ob im Beet oder als Accessoire in Gläschen auf dem Gartenzaun

Seltener Besuch auf dem Rasen

 | Warum nicht einmal rustikal – Blumen- und Kräutergarten hinter eine

Staketenzaun

Pfingstrosen-Stillleben

122 | Ein wogendes Meer aus Island-Mohn

Die etwas anderen »Blumentöpfe«

Ein Blütenmeer vom Bodendecker über Rosen
und Gräser bis zum Zierstrauch

Filigrane Blüten der Traubenbeere

Jungfer im Grünen, umgeben von roter Schafgarbe und anderen Wildblumen

Knackige Kirschen, köstlich und gesund – wer liebt sie nicht?

130 | Blütenpracht, wohin das Auge im Landhausgarten schaut

Lauschig – und in bester Gesellschaft

Ob Rosmarin oder Thymian, Estragon oder Kümmel – Kräuter sind ein Gewinn für den Garten und die Küche.

136 | Rote Johannisbeeren – schön anzusehen, köstlich und voller Vitamine

Nach getaner Gartenarbeit – Grillen mit der Familie und Freunden

Flammendes Herbstlaub verzaubert jeden Garten – ganz intensiv leuchten die Blätter des japanischen Fächerahorns.

142 | Lupine, Allium und Fingerhut vereint im Bauerngarten

Der Garten ist nicht nur zum Arbeiten da! Ob lauschiges Plätzchen für Paare oder Badespaß für die Kleinen auf der Streuobstwiese, das Freizeitangebot ist immens.

Hortensien und Lupinen in verschiedenen Farben –
ein Muss für jeden Bauerngarten

Blütenzauber in Rot und Violett

Schmetterlinge wie der Zitronenfalter lieben den Sommerflieder

 Die besten Zutaten kommen doch aus dem eigenen Garten – erntefrisch

Zweifarbiges Tulpenarrangement

158 | Spalierobst sieht nicht nur kunstvoll aus, auch ertragstechnisch bietet e

rteile.

Die gefiederten Gartenfreunde haben alles im Blick.

Eine alte Wasserpumpe am Hortensienbusch und
eine blaue Schubkarre verleihen dem Garten Charme.

Kapuzinerkresse – ein Hingucker und würzende Zutat für Salate

Auch Gartenarbeit macht in Gesellschaft mehr Spaß.

164 | Rustikale Sitzgelegenheit im blühenden Frühlingsgarten

Pause von der Gartenarbeit gefällig? Essen und Trinken stehen bereit!

168 | Formvollendeter Koniferengarten – grün durch das gesamte Jahr

Frühlingsboten – Tulpen

Der Gemüsegarten vor der eigenen Haustür bietet weit mehr als Zwiebeln, Salate oder Kräuter.

174 | Gemütliche Sitzecke vor einer Hecke aus Lorbeer und Rhododendron

Was Gärtner so brauchen …

Die Tomatenernte bereitet sichtlich Freude.

178 | Gänseblümchen sind nicht nur schön anzusehen, sie schmecken auch!

 | Bauerngarten wie zu Großmutters Zeiten. Nur das Eisenkraut dürfte hi

inzugekommen sein.

Die Pflaumenernte steht bevor. Die kleine Katze prüft schon einmal das Terrain.

Gartenzwerge – Dekoration mit über dreihundertjähriger Tradition

Mit Blumen bepflanzte Schubkarren
passen nicht nur in Bauerngärten.

 | Tagetes, Zinnien, Fleißige Lieschen und Phlox lassen den parkähnlichen

arten erblühen.

Wohlverdiente Pause

Wer möchte da nicht zugreifen?

190 | Blühen die Sonnenblumen, dann ist es wahrlich Sommer!

Ein Buchfink stellt sich im tief verschneiten Garten ein.

Eiskristalle hüllen welkes Laub und Zweige ein.

Ob grün, gelb oder rot – Stachelbeeren schmecken vom Strauch ebenso wie in Kuchen oder Marmeladen.

196 | Gartenbank auf Rädern, die malerische Sichten verspricht.

Heutzutage ein seltener Gast – der Maikäfer

Alte Schwengelpumpe – außer Dienst, aber ein Hingucker zwischen Lupinen und Fingerhüten

Spätsommer – Erntezeit für Äpfel und mehr

 Gartenteich – ein ruhiger Platz, um die Seele baumeln zu lassen

Zierlauch ist mit seinen intensiv leuchtenden Blütenkugeln ein unschlagbarer Hingucker in jedem Blumengarten.

Einer der gesündesten Genüsse des Sommers –
Erdbeeren, ob pur oder als Marmelade oder Saft oder …

208 | Vielfarbige Blütenpracht aus Rosen, Clematis und Lavendel

Vogelscheuche oder Gartendekoration?

Ein Frühstück im Garten ist der schönste Start in den Tag.

Das Rotkehlchen als Erntehelfer?

214 | Im Fall des Falles ist immer ein Blumentopf zur Hand.

Ein am Tag eher selten zu sehender Gartengast

Sterndolden – Stars im Topf oder Halbschattenbeet

Rainfarn und Vogel-Wicke sind zwar anspruchslos, aber bei Trockenheit freuen auch sie sich über Wassergaben.

220 | Akeleien und Glasobjekte verzaubern den kleinen Garten.

Ohne Kräuter geht in der Küche gar nichts – Salbei, Zitronenmelisse, Thymian, Schnittlauch, …

Spätsommerarrangement aus Bartnelken, Zierapfel und Lampionblume

Der Kleiber lebt eher in Wäldern und Parks, ist aber auch in großen Gärten anzutreffen.

226 | Ein Meer aus Frühlingsblühern lässt den Winter vergessen.

Ganz romantisch – das Tränende Herz

Fünfe gerade sein lassen – der Garten ist dafür ein wunderbares Plätzchen.

Zuckererbsen gefällig? Selbst roh sind sie ein köstlicher Pausenschmaus.

 Könnte ein Bauerngarten üppiger sein? Blütenpracht von Phlox bis Gera

Gartendekoration der etwas anderen Art.

Johannisbeeren schmecken frisch vom Strauch,
aber auch als Likör und Wein.

Äpfel sind wahrlich vielseitig einsetzbar, ob als Frisch- oder Dörrobst, verarbeitet als Apfelessig oder Apfelsaft, als Kompott, in Marmeladen, …

Auch im Garten kann Dekoration nicht schaden.

 | Wer denkt bei dem Anblick nicht an Claude Monet?

Schöpfungen des 17. Jahrhunderts – Barockgärten mit geometrischen Ornamenten aus Buchs-Hecken, die aus der Luft wie Stickereien anmuten.

 | Warum nicht einmal ein Sektfrühstück im Garten?

Im Liegestuhl auf der Streuobstwiese – was will man mehr?

246 | Wenn dieser Garten nicht wie ein Rosarium anmutet …

Vogelbeeren in feinem Reif

250 | Kleine Sommerlaube in einem urigen Blumengärtchen – weniger ist mehr.

Osterboten im Garten – gefüllte Gänseblümchen, Mandelbaumblüten, Stieglitz und natürlich das Deko-Ei

 | Heilpflanzen sind nicht nur nützlich, sie können auch durch ihre Blütenprac

…zaubern – hier der Sonnenhut.

»Wenn der weiße Flieder wieder blüht ...«

Extravagante Blütenpracht des Edelginsters

Ist die Schnecke etwa auf die jungen Salatpflanzen aus?
Dann sollte sie sich arg vor den Gärtnern in Acht nehmen.

260 | Was wie ein munteres Blütenchaos anmutet, ist mit Bedacht geplant.

Teichidylle mit anmutigen Seerosen und neugierigem Frosch

Teepause gefällig?

Perfekte Farbkombination –
blaue Vergissmeinnicht mit gelben Globusblumen

266 | Der Admiral genießt den letzten Nektar der Herbstastern.

Die Sommerfrische lädt ein zu Gaumenfreuden
und Erholung in schönster Gartenkulisse.

Der Blumengarten als unerschöpfliche Inspirationsquelle

Allium und Mohn blühen um die Wette.

 | Könnte es einen besseren Platz für Bienenhäuschen geben als den üppig

Bleibt nur noch eines zu tun: »Guten Appetit!«

Der Purpur-Sonnenhut – ein anspruchsloser, aber nicht zu übersehender Gartenbewohner

 | Sie sind eine Zierde an jedem Staketenzaun – Dahlien in verschieden

ormen und Farben.

Die hochgewachsenen Gladiolen schmücken nicht nur den Garten, sie eignen sich auch für die Vase. Der kleinen Gärtnerin gefallen sie auf jeden Fall.

Der Sommer geht, die blühfreudige Herbstaster kommt …

Teezeit – vielleicht mit einem eigenen Kräuteraufguss?

282 | Warten auf den Wind …

Astern bezaubern mit einem langanhaltenden Blütenflor

Stockrosen imponieren nicht nur durch ihre Farbvielfalt, auch ihre Größe macht sie zu einer unübersehbaren Gartenzier.

 | Vom Sonnenhut bis zur Rose – Gärten sind nicht nur schön, sondern auc

tzlich.

Niederdeutscher Bauerngarten mit Buchsbaum-Hecken
und blühendem Phlox

Gartenwände aus Naturstein bieten eine urige Kulisse für Ranker wie die Kapuzinerkresse und Blumenriesen wie die Stockrose.

Reiche Ernte – frische Mohrrüben, Gurken, Salate, …

Das blühfreudige Heidekraut verzaubert den Frühlingsgarten ebenso wie die Rabatten im Winter.

296 | Ein Blütenmeer aus Lupinen, Dahlien, Iris, Allium und Gräsern

Die Mühen haben sich gelohnt – Gurke und Kürbis warten auf die Ernte.

300 | Frühlingsboten, wohin das Auge schaut – Judasbaum und Tulpen

Der Herbst hält Einzug – mit buntem Laub, Chrysanthemen und Kürbissen.

 | Dekoration oder Gaumenschmaus? Holunderbeeren müssen im Gegensa

u den Brombeeren allerdings erst erhitzt werden!

Bildnachweis:

Titelbild fotolia.com/Ingo Bartussek | S. 4 mauritius images/ imageBROKER/ Frederik | S. 6 mauritius images/ Garden World Images/ GWI/Steffen Hauser | S. 8 mauritius images/ Arletta Cwalina | S. 9 mauritius images/ H. Schmidbauer | S. 10 mauritius images/ Garden World Images/ GWI/Martin Hughes-Jones | S. 11 mauritius images/ Westend61/ Nabiha Dahhan | S. 12 mauritius images/ fotoknips | S. 14 mauritius images/ Flowerphotos/ Sue Kennedy | S. 15 mauritius images/ imageBROKER/ Val Thoermer | S. 16 mauritius images/ Garden World Images/ Oscar D'arcy | S. 18 mauritius images/ Jana Ihle | S. 19 mauritius images/ Masterfile RM/ Yvonne Duivenvoorden | S. 20 mauritius images/ Masterfile RM/ Ben Seelt | S. 21 mauritius images/ P. Widmann | S. 22 mauritius images/ SuperStock/ Joanna McCarthy | S. 24 mauritius images/ blickwinkel/ Alfred Schauhuber | S. 25 mauritius images/ Masterfile RM/ F. Lukasseck | S. 26 mauritius images/ age fotostock/ E.A. Janes | S. 27 mauritius images/ Mint Images Ltd. | S. 28 mauritius images/ Johnér | S. 29 mauritius images/ TPP/ Anna Ivanova | S. 30 mauritius images/ imageBROKER/ Helmut Meyer zur Capellen | S. 31 mauritius images/ Stockbroker RF | S. 32 mauritius images/ imageBROKER/ Ulrich Niehoff | S. 33 mauritius images/ David & Micha Sheldon | S. 34 mauritius images/ imageBROKER/ Justus de Cuveland | S. 36 mauritius images/ Nature in Stock/ Marijn Heuts | S. 37 mauritius images/ Klaus Scholz | S. 38 mauritius images/ imageBROKER/ Werner Lang | S. 39 mauritius images/ imageBROKER/ Michaela Begsteiger | S. 40 mauritius images/ Garden World Images/ Ron Evans | S. 41 mauritius images/ Garden World Images/ Oscar D'arcy | S. 42 mauritius images/ fotoknips | S. 43 mauritius images/ imageBROKER/ Ottfried Schreiter | S. 44 mauritius images/ Harald Lange | S. 46 mauritius images/ jump | S. 47 mauritius images/ Travel Collection/ Lengler, Gregor I S. 48 mauritius images/ Andrea Haase I S. 49 mauritius images/ Danita Delimont RF/ Lisa S. Engelbrecht I S. 50 mauritius images/ Westend61/ Sandra Roesch I S. 52 mauritius images/ Axel Killian I S. 54 mauritius images/ Mint Images Ltd. I S. 55 mauritius images/ Westend61/ hollyfotoflash I S. 56 mauritius images/ Garden World Images/ Anna Omiotek-Tott I S. 57 mauritius images/ Mint Images Ltd. I S. 58 mauritius images/ H. Schmidbauer I S. 60 mauritius images/ age fotostock/ Jörgen Larsson I S. 61 mauritius images/ David Burton/ Alamy I S. 62 mauritius images/ Joel Douillet/ Alamy I S. 64 mauritius images/ Johnér I S. 65 mauritius images/ Buiten-Beeld/ Michel Geven I S. 66 mauritius images/ emotive images I S. 67 mauritius images/ Gay Bumgarner/ Alamy I S. 68 mauritius images/ Garden World Images/ Georgianna Lane I S. 70 mauritius images/ Michael Weber I S. 71 mauritius images/ Alamy RF/ Blackout Concepts I S. 72 mauritius images/ Juice Images/ Ian Lishman I S. 74 mauritius images/ studiodiezwei I S. 75 mauritius images/ Sweet INK I S. 76 mauritius images/ Image Source/ Kinzie Riehm I S. 77 mauritius images/ imageBROKER/ Helmut Meyer zur Capellen I S. 78 mauritius images/ Garden World Images/ Rex Richardson I S. 79 mauritius images/ Garden World Images/ John Martin I S. 80 mauritius images/ imageBROKER/ Heiner Heine I S. 82 mauritius images/ Zen Shui I S. 83 mauritius images/ Garden World Images/ Anna Omiotek-Tott I S. 84 mauritius images/ Catharina Lux I S. 85 mauritius images/ imageBROKER/ Daniel Schoenen I S. 86 mauritius images/ Buiten-Beeld/ Ron ter Burg I S. 88 mauritius images/ Andreas von Einsiedel/ Alamy I S. 89 mauritius images/ Zoonar GmbH/ Alamy I S. 90 mauritius images/ Kalpana Kartik I S. 91 mauritius images/ Garden World Images/ Georgianna Lane I S. 92 mauritius images/ fotoknips I S. 93 mauritius images/ fotoknips I S. 94 mauritius images/ Garden World Images/ Adrian James I S. 96 mauritius images/ imageBROKER/ Egon Bömsch I S. 97 mauritius images/ Frank Hecker/ Alamy I S. 98 mauritius images/ fotoknips I S. 99 mauritius images/ sombraluz/ C.

Nidhoff-Lang I S. 100 mauritius images/ imageBROKER/ Horst Sollinger I S. 101 mauritius images/ Danilo Böhme I S. 102 mauritius images/ olbor I S. 103 mauritius images/ Chromorange/ Martina Raedlein I S. 104 mauritius images/ Garden World Images/ GWI/ Tony Cooper I S. 106 mauritius images/ Frank Teigler/Hippocampus Bildarchiv/ Alamy I S. 107 mauritius images/ imageBROKER/ Horst Sollinger I S. 108 mauritius images/ Mint Images Ltd. I S. 109 mauritius images/ Garden World Images/ Floramedia I S. 110 mauritius images/ Chromorange/ Martina Raedlein I S. 112 mauritius images/ Universal Images Group North America LLC/ Alamy I S. 113 mauritius images/ Garden World Images/ GWI/Nicholas Appleby I S. 114 mauritius images/ United Archives I S. 115 mauritius images/ Garden World Images/ Georgianna Lane I S. 116 mauritius images/ Buddy Mays/ Alamy I S. 117 mauritius images/ Robert Landau/ Alamy I S. 118 mauritius images/ Roland T. Frank I S. 120 mauritius images/ Garden World Images/ Georgianna Lane I S. 121 mauritius images/ Garden World Images/ Lisa Wildgoose I S. 122 mauritius images/ James Schwabel/ Alamy I S. 124 mauritius images/ Garden World Images/ Rex Richardson I S. 125 mauritius images/ Garden World Images/ GWI/Rodger Tamblyn I S. 126 mauritius images/ Garden World Images/ Botanic Images Inc I S. 127 mauritius images/ Garden World Images/ Georgianna Lane I S. 128 mauritius images/ Udo Bernhart I S. 129 mauritius images/ Lumi Images/ Alexandra Dost I S. 130 mauritius images/ Garden World Images/ Lisa Wildgoose I S. 132 mauritius images/ travelib gardens/ Alamy I S. 133 mauritius images/ nature picture library/ Phil Savoie I S. 134 mauritius images/ SZ Photo Creative/ Lukas Barth-Tuttas I S. 135 mauritius images/ Westend61/ Mandy Reschke I S. 136 mauritius images/ Udo Bernhart I S. 138 mauritius images/ Jiri Hubatka/ Alamy I S. 139 mauritius images/ allOver images/ Alamy I S. 140 mauritius images/ Masterfile RM/ Matt Brasier I S. 141 mauritius images/ Garden World Images/ Anna Omiotek-Tott I S. 142 mauritius images/ Sweet INK I S. 144 mauritius images/ Francisco Martinez/ Alamy I S. 145 mauritius images/

Johnér I S. 146 mauritius images/ imageBROKER/ Katharina Hild I S. 147 mauritius images/ imageBROKER/ Helmut Corneli I S. 148 mauritius images/ Francisco Martinez/ Alamy I S. 150 mauritius images/ Garden World Images/ Trevor Sims I S. 151 mauritius images/ ClickAlps I S. 152 mauritius images/ imageBROKER/ Uwe Kribus I S. 153 mauritius images/ Photimageon/ Alamy I S. 154 mauritius images/ allOver images/ Alamy I S. 156 mauritius images/ Andrea Jones Images/ Alamy I S. 157 mauritius images/ imageBROKER/ Perry Mastrovito I S. 158 mauritius images/ Chris Hellier/ Alamy I S. 160 mauritius images/ Joel Douillet/ Alamy I S. 161 mauritius images/ Tim Gainey/ Alamy I S. 162 mauritius images/ Zoonar GmbH/ Alamy I S. 163 mauritius images/ Stockbroker RF I S. 164 mauritius images/ Anna Stowe Botanica/ Alamy I S. 166 mauritius images/ Westend61/ Larissa Veronesi I S. 167 mauritius images/ Tim Hill/ Alamy I S. 168 mauritius images/ Masterfile RM/ R. Ian Lloyd I S. 170 mauritius images/ Tim Gainey/ Alamy I S. 171 mauritius images/ Garden World Images/ Sarah Lee I S. 172 mauritius images/ Klaus Scholz I S. 173 mauritius images/ Cultura/ RUSS ROHDE I S. 174 mauritius images/ Andrea Jones Images/ Alamy I S. 176 mauritius images/ Westend61/ Pablo Calvo I S. 177 mauritius images/ rosydesign.co.uk/ Alamy I S. 178 mauritius images/ fotoknips I S. 180 mauritius images/ imageBROKER/ Olaf Krüger I S. 182 mauritius images/ blickwinkel/ Hans-Roland Müller I S. 183 mauritius images/ imageBROKER/ Kevin Prönnecke I S. 184 mauritius images/ imageBROKER/ Arnulf Hettrich I S. 185 mauritius images/ imageBROKER/ Raimund Kutter I S. 186 mauritius images/ imageBROKER/ Perry Mastrovito I S. 188 mauritius images/ Tim Gainey/ Alamy I S. 189 mauritius images/ Waldemar Langolf I S. 190 mauritius images/ Rolf Roeckl I S. 192 mauritius images/ Paivi Vikstrom I S. 193 mauritius images/ olbor I S. 194 mauritius images/ foodcollection I S. 195 mauritius images/ foodcollection I S. 196 mauritius images/ Steve Skjold/ Alamy I S. 198 mauritius images/ Garden World Images/ Ron Evans I S. 199 mauritius images/ Chromorange/ Ernst Weingartner I

S. 200 mauritius images/ Westend61/ Hans Huber I S. 201 mauritius images/ Westend61/ Rainer Berg I S. 202 mauritius images/ Stan Rohrer/ Alamy I S. 204 mauritius images/ Waldemar Langolf I S. 205 mauritius images/ Waldemar Langolf I S. 206 mauritius images/ Westend61/ Larissa Veronesi I S. 207 mauritius images/ Garden World Images/ Ashley Biddle I S. 208 mauritius images/ GoGarden/ Alamy I S. 210 mauritius images/ Dietmar Walser I S. 211 mauritius images/ Mito Images/ Dreet Production I S. 212 mauritius images/ Jean Williamson/ Alamy I S. 213 mauritius images/ Garden World Images/ Kevin Sawford I S. 214 mauritius images/ imageBROKER/ Gabriele Hanke I S. 216 mauritius images/ imageBROKER/ Wilfried Martin I S. 217 mauritius images/ Minden Pictures/ Konrad Wothe I S. 218 mauritius images/ Johnér I S. 219 mauritius images/ Johnér I S. 220 mauritius images/ imageBROKER/ Martin Siepmann I S. 222 mauritius images/ Radim Beznoska/ Alamy I S. 223 mauritius images/ emotive images I S. 224 mauritius images/ sombraluz/ C. Nidhoff-Lang I S. 225 mauritius images/ Tim Gainey/ Alamy I S. 226 mauritius images/ ClickAlps I S. 228 mauritius images/ Johnér I S. 229 mauritius images/ David & Micha Sheldon I S. 230 mauritius images/ Radius Images/ Yvonne Duivenvoorden I S. 231 mauritius images/ Radius Images/ Yvonne Duivenvoorden I S. 232 mauritius images/ imageBROKER/ Raimund Kutter I S. 234 mauritius images/ Gianna Schade I S. 235 mauritius images/ Jenny Pohl/ Alamy I S. 236 mauritius images/ imageBROKER/ Ralph Kerpa I S. 237 mauritius images/ fotoknips I S. 238 mauritius images/ Klaus Scholz I S. 240 mauritius images/ pa/ Julian Stratenschulte I S. 241 mauritius images/ pa/ Marijan Murat I S. 242 mauritius images/ fotoknips I S. 244 mauritius images/ Harald Lange I S. 245 mauritius images/ Reinhard Eisele I S. 246 mauritius images/ Günter Gräfenhain I S. 248 mauritius images/ Paivi Vikstrom I S. 249 mauritius images/ Paivi Vikstrom I S. 250 mauritius images/ Danita Delimont I S. 252 mauritius images/ Sandra Gutekunst I S. 253 mauritius images/ Kerstin Layer I S. 254 mauritius images/ Johnér I